설레바람

소리로 읽는 책

이 책에는 글을 읽을 수 없는 분들을 위한
점자 · 음성변환용코드가 양면페이지 우측 하단에 있습니다
별도의 시각장애인용 리더기 혹은 스마트폰 보이스아이 어플을 사용하여
즐거운 시 감상이 되기를 바랍니다
voiceye.com

Over a Wall Poetry 25

설레바람

리규창 시집 2

■시인의 말■

꿈처럼

되돌아 생각해보면
참 많은 일들이 지나갔습니다
하루하루 살아가다 문득
아니면 가슴이 미어지게 아프면
한 줄 한 줄 일기처럼 써놓은 글을
시집으로 묶었습니다

그 글들 중에서 고르고 골라
첫시집 『망치잡이』를 한풀이 외침처럼
꿈의 나래를 펼치듯이 엮었다면
두번째 시집 『설레바람』은
조금은 더 차분해진 듯 합니다

특히 아주 많은 일들
나라에도 내게도 너무 많은 일들이 있어
너무 너무 힘들었던 1980년대 일들을
중심에 두고 목청을 높여 봤습니다
너무 많은 일들이 있었기에
가슴에 더 깊이 들어 있습니다

두리둥이 두리둥이 하나되어
밤을 밝혀 산다고
이 산 저 들이 쩔쩔매며
내 이야기
날개옷 입힌다

—「내 이야기」 중에서

부여 추양리에서
리규창 씀

차례

2부 목청 높은 새

1980~89

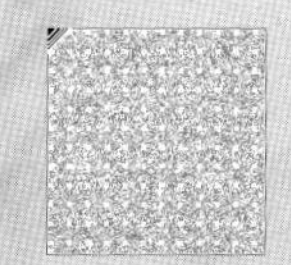

2부 목청 높은 새

1980~89

3부 잠깐인 것을

1990~99

4부 종발윷 2000~

1부
설레바람

각오

저토록 찌푸린 하늘에선
아쉬움의 눈송이가 펑펑 쏟아지네
저 눈발이 저렇듯 아쉬움은
새벽별 눈이 박힌 하늘을
똑바로 담아보지 못하고

떠돌이, 철없이 자라는 나이 안타까움에
눈보라 속을 활짝 부채춤 접어 나는 백로!
떠돌이에게 용기를
뿌우연 저 하늘 아랜 따스한 둥지 포근한 품속
내 영혼이 안식할 곳

이 해가 저물기 전으로
산 넘어 골짜기 각시샘 찾아
꽁꽁 언 얼음을 깨고
바가지 가득 물 담아
흐트러지지 않는 숨결로 마시리라

꿈을

해 지는 조용한 저녁
몸 단정히 여미어
하얀 종이와 붓 소중히 감싸들고

하나 둘 별이 되어
엄마별 아가별
밤새 꿈을 그리며

아무도 밟지 않아
고요히 이슬 내려 안개 자욱한 들녘
온 세상 훤히 그대 품에 안기리

물망초

아련히 치솟는 그리움이기에
대답 없는 메아리만 울려옵니다

하염없이 흘러내리는 눈물방울
그 님께 보여도 주고 싶지만
조용히 외면하고서
아-, 잊으라! 한마디

그래도 못 잊어
못 잊어 정말 못 잊어
서러움 안고
안고서 행여나 기다립니다

살포시 떠오르는 그 님!
안간힘 다하여
다하여서 놓치지 않으려 해도
살며시 돌아가는 그 님이기에
부디, 잊지나 말아주오

해지기가 되련다

거두어지렴 먹구름이여
긴 바다 너머 잠재울 곳으로
꿈을 주어 노래 부르네

어디에선가 들리는 듯
가고파라 나를 부르는 소리
쉬임없이 밀려오는 소리를 따라
나 해지기가 되련다

지글지글 타오른 불그런 덩이
한낮이 머져있는 머리 위에서
고루 나눠주리오, 끝없는 빛을

쫒기는 구름에 환한 대낮
조바심하던 마음 사라지고
안기는 마을 마다 사랑의 손길
나 해지기가 되련다

설레바람

청아한 호수 뉘 물결 일게 하고
뉘 막으려 하는가?
머질줄 몰라 출렁이는 물살
무엇에 그리 싫증을 느꼈는가?
알 수 없는 노릇이어라

마음대로 일게 하고
마음대로 멈추게 하려는 너!
호수의 주인인 듯
잔잔한 물결에 설레바람
너의 자유인지 모르지만

그것을 거두려 함은
나의 자유인지라
호수의 물결 그대로 두오
꼭이나 거두어 가겠다면
옛적 호수로 돌려주오

소생

오붓했던 옛이야기들
맞바람에 휘감기고 빈 들녘을 헤매이랴
기진맥진 허기진 마음 북돋워
깜박이는 불빛 속에 두 줄기 애수
지나간 날 그리움 간곡히
잊으리라던 그대 생각
번거로이 삼삼오오 무리 지어
얼음장 깨트리는 첫 마디는
오라, 불달는 사랑이여!
우중충한 하늘에 답답한 가슴
한 줄기 금을 긋고
죽어 사는 목숨으로 하늘 두르리

철책 근무

총구를 마주 대고 용감히 쓰러져간 형제들
어머니 가슴에 못을 박아 원망스런 목소리들
머물데 없이 헤매는 곳

이밤도 잠들지 못해 스산한 바람결에
허우적대는 님의 울분
무엇 때문에 형제는 긴 공포의 공간을 두고두고

늙어 시든 꽃 안타까이 어린 동산의 옛꿈을 그리워할꼬
또 다른 고향을 당신께 주지 않으려
의심 많은 손가락으로 방아쇠를 꼭 쥔다

아가를 바라보며

- 진실

아가 울음에
진실이 일어
우리 거짓이 물거품 되고

엄마의 자장가
사랑은 익어
단내나는 주위에 평화가 온다

살며시 웃어 주는
두 보조개
내일은 마냥 부풀어

우리말 우리글을 사랑하자

가며 오며 보이는 건 낯선 것이 가득터라
눈뜬 봉사 아닌 것을 귀까지 막혔으니

남 색시 어울리다 초가삼간 불태운
옛 말씀 생각나오

요새 물정 달라져도 이럴 수야 없으리 마는
미친 망아지여 풀린 고삐 바로 해 꿈에서 깨라

눈뜬 봉사 벙어리에 귀까지 막혔으니
나 진짜 바보라면 무덤 찾아 나서련다

한 그루 나무

산에 산모퉁이
외진 바위 틈새로
쓸쓸히 나무 한 그루

그러나 그러나
땅속 깊이 뿌리를 박아
그늘이 바위를 감싸고

가지는 무성히
손을 내밀어 지금은
많은 동무 즐겁답니다

미련

사내란 우월감에 저지른 비애
오랜 뉘우침이거늘
넌 벌써부터 후회했던 것이다

받기만 하려던 그때의 사랑이
지금에 이르러 어리석음을 시인하나
이미 가버린 집새이거늘

어느 때 소녀와 같은 이 대할런지
나는 아무 저항 없이 모든 애정 주려니
그러면 감복하오리까

사리를 분별하는 새 생활의 개혁이
내게 큰 기쁨이 되어
소녀는 나의 꿈이요 미래입니다

소녀, 나 흙으로 돌아가는 날까지
당신의 미소를 기억하려 함은
영원한 애인으로 살기를

성묘

구릿빛 얼굴 옷깃에 바람이 굽어들던 곳
당신의 그림자조차 눈 감고 매듭을 짓는 터라
여기에 흐르는 삶이 부럽소

해를 품으려는 듯 거북이 잔등에 영근 땀방울
우뚝우뚝 물기둥 서고 달과 별과 새긴 이야기들
술잔에 가득 피었소

앞으로만

당겼다 늦췄다 햇수로 수십 년
뭘 망설이니 지친 줄다리기 몸살 할라

아는 것 모르는 것
그대로 가볍게 팔짱 껴 앞으로 가자
저 만큼에 잠시 뒤돌아보고 가던 길로 곧장 가자
알며 모르며 속아 한평생 듣지도 못했니?
이럴까? 저럴까? 망설이다 해 바뀔라
그럭저럭 가다 보면
부부 애정 안다 했거늘 보지도 못했니

어서야 팔짱 끼고 앞으로 가자
저만큼까진 뒤돌아보지 말고 곧장 가자

꿈꾸는 소녀

-안내원 아가씨

가난하지만 부지런한 소녀는
언제나 꿈을 다듬는 부푼 가슴

어느 날 나타나시리 내 왕자님
소녀는 소녀는 곱다란 말씨 익히며

단정한 제 모습을 잃지 않았어요
아리따운 내 소녀!

홀가분히 춤을 추자 왕자님 품에
꿈꾸는 소녀는 새벽부터 바쁜 하루

밉둥이

밉둥 밉둥
네가 미워 그립도록 미워
할매 업은 상엿소리
울타리 밖을 넘지 못한다

밉둥 밉둥
네가 좋아 미웁도록 좋아
할매 둥둥 상여 춤에
무덤 길목 무지개 걸친다

2부

목청 높은 새

신념

부를 배격하는 건 아니지만
만용의 투사는 바라지 않아
이대로의 순리에서 살 수밖에
고독과 고민의 혼란에서
멸시와 천덕이 지금을 비웃겠지만
의연히 진정하고 오직 신 앞에 기도드리리
산골짝 깊은 밤도 별은 속삭이며
새벽이슬 단장하고 산뜻한 아침이 온다
빈 봇짐 무거웁게
지켜주는 이 없는 죽음 이르러
후회하지 않겠노라, 않노라
그렇게 맞을 뿐

섭리

-1980년 6월 17일

별자리 그윽한 밤에 두근거리는 속삭임
아름다운 사랑을 간직하려는 애절함
아느냐? 너희 죄

내 몸뚱이 둘이 되어
지렛대 위에 놀아나던 안타까움도 슬픔도
오늘같이 피 끓고 분통하긴 없었던 일
이젠 내가 두려운 절박함
그러나 저 스스로를 믿습니다
거룩하옵신 오천 년 역사의 믿음 앞에
이는 누구도 막을 수 없는 나의 인내요
자연의 섭리입니다
내 자라 왕성하여 본연의 자태로 돌아온 날
무어라 변명해 사죄할 것인가?
결코 보복 없을 믿음의 역사
너희는 우러러 따를 것이다

지금은 잠시 겪는 한 시대의 신통일 뿐
정다운 날은 오고 있어요
아침인사 가벼이

가을밤

저녁이 머물려는 댕댕골 등머리
곱게 핀 소녀의 볼같이
내일을 손짓하는 어여쁨

서두르며 뛰어드는 싸늘 바람에
뒷동산 풀벌레 합창
여인의 창문을 두드리는 밤

한 떼의 흰 무늬 물결
달빛 드리운 부채춤에
마을은 솔술에 취하고

장난꾸러기들 매달리는
한낮이 힘에 겨워 감이 익고 배가 익고
그 내음 멀리멀리 들이 취한다

어랑 어랑

어랑 어랑
어랑은 나의 벗이요
모두 그를 얼간이라 놀리지만
아무도 그를 닮지 못합니다

어랑의 거짓 없는 걸음걸음
그 모습이 우습다, 깝죽이는 분
누운 밤 당신을 읽어 보세요

어랑 어랑
어랑을 쫓아 어랑을 닮고
어랑 어랑
영원한 벗이 되려오

철 없는 숙녀

처음 뵙는 분
눈에 눈으로 마음에 마음을
어머나 행복스런 겁쟁이
그러나 저는 어엿한 숙녀랍니다
제 눈을 자세히 읽어 보세요
저는 어엿한 숙녀의—
그다음은 저도 모른답니다

두려워요, 네
가짜 엉터리 철없는 꿈으로
얄밉게 고이 드린 설레임
하지만 어이 사랑을 미워합니까?
잊고픈 지금을 그냥 이렇게
마냥 사랑이 좋아 불장난
불장난 미워할 수는

가슴 앓이

나는 가련다
아라비아로 가련다
가난에 가난을 짊어지고
빈 자리 그리며 떠나련다

당신 곁에 꿋꿋이
못다 한 사랑 지키고 싶지만
그러기엔 힘이 부쳐
가슴앓이 안고 나선 길일세

불볕 큰 메아리
응어리로 돌아온 날
버려진 빈자리
녹슬지 않아 반길는지?

나는 가련다
아라비아로 가련다
가난에 가난 짊어지고
빈자리 그리며 떠나련다

향기 빼앗긴 꽃

그늘진 곳에 몸을 사리어
밤에 슬쩍 피어나는 꽃이라서
향기가 없단다, 멋이 없단다
가엾은 우리들의 꽃
잠시 머물다 갈 벌 나비 떼 집을 지키며
뚜렷한 빛깔마저 잃어가는 세월
어느덧 잎새는 모두 떠나고
지워지지 않는 먼지성만 안은 채
우는 눈물이 배어 흐른다

닦아줄 이 없는 설움 설움들
제 빛깔 잃은 꽃이나 소홀함에
진정한 향기 흩어져 날고
살쾡이 울음소리 귀 가득하니
꽃은 죽었도다, 꽃이 죽었도다
같이한 세월 모두 죄인이려오
꽃들을 사랑한다는 것 알 듯 모를 듯
힘 닿는 데까지 정성껏 가꿉시다

첫눈을 기다리며

아침부터 햇님이 숨바꼭질 하길래
문득, 눈에 드는 백설공주 뽀얀 웃음!
어찌 입맞춤을

날 저물고 동장군 발이 저려
구름장사 떼 무리로 산을 넘는가?
밤새 백설공주 남모르게 오시려고

가을 내내 단풍잎 낙엽은
소리 없이 길을 닦고
다릴 놓고 집을 지었다

도시의 겨울

- 1982년 12월 22일

겨울이 되면 인정 없는 한파
거드름 피우며 도시로 몰려온다

시골은 불안한 힘이
연륜을 이루어 지켜 가지만

늘 시달린 사람들이
그 무력 앞에 문 굳게 닫고

수인복 갈아입는 세찬 바람 소리
선량들 길목마다 엉거주춤 하루살이

절로 솟는 울분 하늘 보고
하늘 지키며 겨울은 또 그렇게 가리

달과 서울야경

-1982년 크리스마스

뚜렷한 밤도 없이 우쭐대는 서울야경에
그는 티없는 웃음을 건네주었다
자기를 뽐내지 않고 조용히 품에 안은 온누리

하나둘 꺼져 가며 작아지는 서울야경에
그는 똑같은 미소로 마주하였다
자기를 아낌없이 던져 포근히 감싸는 깊은 멋

아침을 기다리는 안개꽃 핀 서울 새벽에
그는 공손한 인사로 길을 떠난다
자기를 모르는 동네 넷 이레 이틀 이웃하려고

한강수

그는 말이 없다 말 못하는 바보인가?
아니다 말이 없을 뿐이다
진홍빛 물결에도 흑갈색 물결에도 그는 말이 없었다

육천만 함성이 밀리는 홍수!
무섭지 않느냐 그대로 입 다물 것이냐?
바보다 바보

잔잔하던 물결에 나이테 일어
숨소리조차 조용히
그의 옆에 멎는다

뭔지 모를 나직한 소리 들릴 듯
내게 오기도 전에 나른히 흩어져 침묵이 흐른다
바보 정녕 바보

네 시름 내 시름 우리 바보 되어 흐르자
너는 곧장 흘러 어디로 갈 것이냐
선인들의 길 좇아 가련만 달라진 것 없는 지루한 여행

뿔뿔이 이별하고 답답한 마음 쉬어나 갈까?
안된다 달라진 것 없는 길이련만
밤눈 어둔 자를 위해 가야 하느니

우뚝우뚝 솟아오르는 기쁨 대견히
산촌으로 들로 젓줄이 되고
가뭄과 장마를 다스리며 흐르고 흐르자

몸은 찢기고 멍이 들어
짜디짠 종말 올지라도 우리 할 일 다하며
그렇게 또 흐르고 흐르자 한강수여!

곱추

어머니 저는 어릴적부터
굽은 등으로 자랐습니까
아니죠?
말씀해 주셔요

문밖 조롱이 눈에 거슬려
잠 못 드는 어설픈 밤
상체와 하체가 걸맞지 않아
이 노릇을 어이합니까

요동벌 까마득히
백마를 달려 노닐던 시절
내게 있었노라고
들려주세요 어머니

속 모르는 남들이 생각하듯
그런 곱추가 결코 아니란 것을
늠름한 모습 떳떳이
신방을 꾸려 보일 테요

조국순례

커다란 손짓 어루만져
조국산하 순례길을 재촉하노라

철없는 겉치레를 가늠하며
꽹과리 징 장구 북 새납 소리
소리 소리들은 황토술에 가득 채워 쫓아가련다
구르고 뒹굴다 못해 한 줌의 흙 허공에 뿌려
살과 뼈가 안심토록 흩어지는 곳
이끼꽃 먼지라도 사랑으로 구원하며
목적지를 그리다 멈춰진 절름발이
허리띠 조르고 사방을 둘러본다
뭍이야 좁거나 말거나
하늘인들 작으랴!
삼태기 물결이 굽어 보이는 곳
어이 부질없는 꿈으로만 굳히랴!
백로 부채춤 훨훨
까막길 소태강을 건너려는 하얀 울분

고요히 밀리는 보신각 종소리에
커다란 물결무늬가 입혀 온누리에 훤히 앉히려고

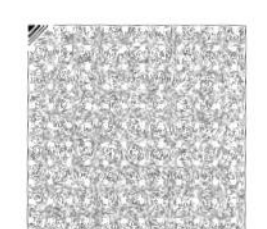

휴전선

북치고 나팔 불며
푸른 대지를
맘껏 즐겨 지치려던 작은 소년이
가로 동 가로 서
세로로 뻗는 사랑이 멈추어 버린
성벽 그늘에서 자라고 있었다

하늘 닫힌 육백 리 장성엔
가재걸음 재주 부리는
어느 낯선 가분수 소년이
까막길 기슭에서
오랏줄 묶인 봄을 기다리며
희귀생물 불러 모았다

상반된 기후에도
정신은 해맑게
옛 모습 흉내 보려는 작은 소년이
금강산 산자락을 향하는 골짜기에서
모나게 웅크렸다

걸인과 포장마차

포장마차 거나한 술에
환자들이 우글거리는 골목을 향할 수 있었다

선조들의 유품은 하잘것없이 천대받는 곳
오만불손한 자가용은 제왕이 되어
도수 없는 금테안경 너머로 거느린 지식인과 병졸만도
무서웠다 이곳에 환자는 그들 밖의 걸인
몰매 맞기 전에 보호소를 찾아야 했다
어디로 갈거나 본의 아닌 종뿌리로
통곡하며 꽃피 샘 짓고
선조들의 뒤를 쫓으려 했던 곳
산맥을 따라 휭하니 마음 달래고 싶어도
앞을 가로막는 태산이 높아 놈들을 불러다 분풀이할거나

발길은 어느새 술타령 익는 포장마차
이번엔 듬뿍 취하여 그곳엘 가자

묵시

-1984년 5월 25일

한 조각 빵조차 제대로 굽지 못하는 세간
아버님께 물려받은 헌 보자기의 묵시를 풀지 못하고
먼 길 떠나야 했다

하늘 무서운 줄 모르는 장대 숲이
하늘을 뚫으려는데 벗들은 여태 무엇을 했노
쪼들린 가난을 움켜쥐고 끼니를 좇아 삽질을 했다

파고 파도 잡히지 않는 금맥, 허탈증 일어 눕는다
헌 보자기의 비밀이 갇힌 채 저모양 될까 두렵다
칼자루 잡고 총을 멘 무리들 어지럽게 손짓한다

몽롱한 정신 속에서도 아버님 존영에 무릎꿇고
눈에 드는 곳 들지 않는 곳에 땀 훔치는 소리
피 할퀴는 소리를 듣는다

바람 잡는 그치들이 바보 꾸러미라 놀리겠지만
그 아버지 대를 이은 그 아들임을
확신 할게다

사랑은

침묵 속에서도 공손히 인사를 나누었다
세속에 물들지 않으려는 수정빛 눈동자들
조심스레 입 맞추고 몸을 기댄다

침묵 침묵 어설픈 골짜기마다 순탄한 길을 열고
말끔히 단장된 산촌 오솔길에 반딧불 되어
시를 적습니다

과장되지 않는 말들이 속삭이듯 노래를 토하며
부끄럽지 않은 모습으로 다소곳이 앉아
말 많은 장난을 싫어합니다

사랑은 꾀 많은 몸짓을 미워합니다
진정 사랑은 침묵 속에서도
제 할 일을 잊지 않아요

서투르나마

당신 입김을 가깝게 느끼고 싶어
숫자로 채색된 도성을 무너트리고
문밖에 멈춘 시간을 좇습니다
삼복은 깨트리고도 얌전히 맞이하는 진지함을
받아드리는 연습 부족에
어색한 동작으로 들길을 걸었죠
서투르나마 톡 쏘인 들국화 향기로
무딘 감각을 편히 감쌉니다
들녘과 산자락을 버틴 조화로운 율동들은
네모난 동네 소용돌이와 대조를 이룬지라
대대손손 물찬 과일은
오천 년을 짊어지고 흐른 저력이고요
인자하신 스승님 마음입니다
밀알을 찾아 두리번거리던
화창한 어느 날 당신 숨결이 흐르는 강둑에서
흙냄새 더불어 귀히 들으리다

이상과 동떨어진 세상 이야기

결심

내게 보이옵는 하늘을 위하여
내게 안식할 땅의 기다림을
누가 부정하리오

하나를 취하려 둘 셋 넷을 잃어야 하는 쓰라림
그마저 구하지 못하고 중력 없는 공간에 버려짐을
어찌 두렵지 않다 변명하리까

그렇다고 접어둘 수 없는 이상
현실에 거슬리는 범법자 되어
주어진 여건을 사랑하리다

하늘을 꿈꾸던 둥지와
먹이를 나누던 친지들을
고요히 가슴에 품고

내게 무서운 것은 가난보다도
내게 두려운 것은 눈초리들보나도
자신과 부딪치는 거센 밀물

약초

맞바람에 허둥지둥
가쁜 숨 헐떡이며 넘는 서른 고개

이처럼 걸음발이 흔들리기는
둥지 틀 자릴 찾지 못하고 둥지 틀 짝을 구하지 못하고
양약 과용으로 잦은 구역질이라
부모님께 물려받은 민간요법을 터득지 못하여
다릴 저는 만성 신경통으로 멀쩡한 장애인 노릇이라니
다급한 쪽문 사이로 손수 삽과 괭이를 어르며
들녘과 산자락을 두루두루
쇠무릎지기, 골담초, 엉겅퀴…
약초에 갈증을 느끼며 걷도다
하늘조차 우중충히 큰 눈발이 내리려나

뽀드득 뽀드득 새하얀 융단을 밟노라면
짝도 둥지도 옛적 꿈을 그리워하는 어린양이 되겠지

새하얀 길

먼동이 산뜻한 아침
보드레한 융단이 깔린 새하얀 길을
어린이 악단에 발맞추어
널문리 향하는 벅찬 마음이야

하찮은 날짐승도
늦잠을 깨우며 따르는데
계곡을 휘감는 메아리가
나뭇가지에 대롱대롱 걸렸는지라

보드라운 이 길을
다 밟지도 못하고 녹아 흐른다면
아이야
어느 우물로 빠지려느냐!

대전시가를 거닐며

내가 좋아서 네가 정말 좋아서
한길로 파놓은 우물물엔 찌든 가난이 어리며
굉음을 터뜨린다

서투른 몸짓 짐이 되어
네모난 거리로 밀려온 것이냐
허울 좋은 탈을 쓰고 끼니에 아부하려는 것이냐
그늘 드리워진 빈터에 좁디 웅크리고 버티어
지조 지피는 아줌마 손마디가 가느랗게 떠는 저녁
우뚝 솟은 건물에서 휘황히 내뿜는 불빛이
지조를 삼키려 덤벼드니 물밀듯 한 중앙로
인파에 휩쓸려 방황의 숲을 향해 걷는다
나아졌다는 골목마다 올가미 부대가 도사리고
한치 발붙일 틈조차 가시덤불이라
시야엔 온통 불미스러운 색깔뿐
동화 같은 옛 이야기들은 질식해 버렸는지

아가야, 보문산 눈을 가리운 거미줄을 풀자꾸나
그리고 떠나가자
네모난 이 거리를

새벽 예배

땡
  땡 땡
    그랑 땡 땡
… …

엘리야 시대
사렙다의 과부로 은총 입은 중죄인
의심과 갈등으로 유혹하는 마귀 사탄들을 꾸짖으며
오른 지팡이 발 어색지 않게 성전을 향한다

믿습니까? 아멘! 쫓으렵니까? 아멘!
할렐루야! 아멘!

엘리야 시대 문둥병 환자 나아만 장군이 되어
네발짐승의 형상으로 제단에
엎드렸습니다

성전 내의 한나절

돈과 가족으로부터
현대 의학과 의술로부터 버림받는
앉은뱅이 전신마비 배불뚝이 절름발이
알코올중독 정신질환
말씀에 매달려 지친 말복 한나절
백일기도 아주머니도
사십일 금식하는 처녀 집사도
선풍기 밑에서 졸고
팔순이 가까운 노모께선
쉰 넘은 아들을 목욕시키고
청주할멈은 악령에 쫓기며
사방으로 뜀박질 어수선할 적에
모든 성도들이 한마음 한뜻이 되어
"마귀들과 싸울지라"
찬송합니다

목장의 저녁 풍경

해거름 쫓던 눈길을 불러 세우는 산(生) 그림입니다
연분홍 방석 깔린 목장 뜰 한복판에
거뜬히 말 안장을 오르는 소녀의 아름다운 자태가
이리저리로 흔들리는 춤솜씨
조바심 나는 시간 작은 손에 들린 채찍이
휘파람을 만들 적마다 얼룩무늬 소 떼가 일렬로
단꿈을 산적한 칸막이에 들어가고
흙담 굴뚝에서 피어오르는 하얀 망토가
시기하듯 질투하듯 보로통하게 나풀대어도
치렁한 소녀의 머릿결이 출렁출렁
내 시선을 모두 빼앗진 못합니다
기다랗게 드러누운 그림자들을 짖던 복슬강아지가
앞질러 샛길로 소녀를 응원해 쫓을 때
목장 문을 닫는 여린 자장가 흩어지고
금빛 날개 거만스럽던 억새 숲이 제풀에 지쳐 고개 떨구니
온유한 숨결이 가득히 흐르는 강!
이 그림들 빠트림 없이 찍을 수 있다면
뭍 시인들이 적은 서성에 못지않으리오

푸른 산

꽃망울 터뜨리는
즐거운 눈물 속에서
푸른 산을 어우르고 싶어
황사 바람 비키어
단비 머금는 속삭임 촉촉
가슴은 마냥 두근거린다

근원을 받든 절정이
젖줄기를 가르고
샘물 퍼 올리니
슬기 두른 푸른 산에는
아픈 울음들조차
어여쁜 노래가 되어 흐른다

숲 속 잔칫날

꽃망울 터뜨리는
숲 속 잔칫날

초대 받지 않은
손님이 되어

요정들 고운 화음
술잔을 들고

깊은 계곡 바지춤에
해를 매었다

아이들 마음

반짝이는 햇볕 입고
산처럼 바다처럼 성큼 자라서
까막길 산기슭에 오랏줄 묶인
옛날 옛적 그린 봄을 찾을 테요

밤을 염려하는 마음
깃을 쳐 떠오르면
달님과 별님에 상긋한 눈빛
하나둘 실을 꿰어 와락 뿌릴 테요

목청 높은 새

바람 잦은 날이면 잎새를 떨며
목청을 높여 우짖던 새야 새야

좋은 때로 네 음악을 반겨 맞으려고
아— 아, 오늘에 잊혀진 시절 낚으려 풀피리 불지만
번드레히 속임 노래들이 네 곡조를 감추었구나

지금은 어디쯤에서
둥지 숲 그리다가 우짖는지 새야 새야

지울 수 없는 사연

둘이 오붓했던 사연들
하나 둘 지우려고 발길 머무는 대로
추억을 더듬어 빈 바다에

별아 별아, 넌 알리
해삼을 깨워 인사할까?
멍게를 깨워 인사할까?

끝끝내 말이 없던 입술로
"여기, 예, 여기요!" 설레이게 왔다가
흩어져 버리는 짓궂은 파도 소리뿐

싣고 오려면 왔지
실려 나가는 심사가 미워 지우려는 사연들
하나 둘 다시 줍는다

불안한 빛깔들

그저께 보았던 파란 모습이
어젠 빨갛게 눈에 익고
오늘은 하얀 검정 보라색으로
한껏 멋부려 빛깔 날리니
내일을 여는 준비론
색안경 마련해야지

해와 달과 별이 쉬고
해와 달과 별이 노는
하늘 감사하려는 눈빛
뭍에선 한량없이 영리해도
자신마저 속이려는 변신으로
늘상 바람 잦은 골짜기입니다

원추리

가냘픈 듯 선이 고운 몸매
곧은 꿈이 부풀어
밤이슬 새벽안개 고요히 뿌리치고
오직 순결을 바치려 성숙한 몸짓으로
다소곳이 유혹한다

아침 문안 산뜻이
시린 햇발에 사랑이 실려 오면
흐트러지지 않는 자세로 속삭이는 이야기들
가슴 메는 역사를 가누지 못해
터뜨려지는 웃음이
상큼 자란다

꼭두새벽

풀벌레 지친 울음이
솔새들 틈으로
온밤 지새우는 펄 합창과
어우러진 새벽녘

가슴 속 깊이 흐르는 언어로
땡그랑 땡 땡그랑 땡그랑
언제나 이맘때 텅 빈 마음을
사로잡는 여인아

이슬 빗장 여시며 날 밝히는
어머니도 곤하신데
가지런한 글씨에 편지를
또 띄우고 있구나

가뭄과 폭우

가뭄으로 지친 푸른 생명이
금 간 바탕에서 비를 기다리는 날

느닷없는 번갯불 천둥 캄캄히
넋 나간 사나흘을 쩔쩔매며

철푸덕이 주저앉는 제방에서
검붉게 흐느끼는 사태 바다

장마전선

장마전선 깨트리려는 뻐꾸기 울음이
낮 동안을 붉게 적시고
작으나마 청개구리 응원이
풀섶에서 빛날 때
어느 장사가 쏘아 올린 축포일까?

하야니 매달린 함성은 이 밤도 총총
푸른 대지를 꿈꾸며 고요히 반짝이려는 기류 속으로
교만스레 팔 뻗치는 모략을
먼발치에서 숨죽이던 산새들조차
상 찌푸린 노랠 토한다

묵시

귀히 물려받은 생명을 다스리고자
가마솥더위를 무릅쓰며
냉방 안된 버스는 만원이었다
모두가 짜증은 뒤로 미룬 채
어디로든 떠나야 했다

안면에 맺힌 염수보다는
속옷 적셔 드러내는 얼룩이 조금 거북스러울 뿐
차창에 매달리는 바람으로
목적지를 가다듬는 청결한 마음들이
가슴 인사를 나누는 정돈된 시간

친정 다녀오는 새댁 품에선
단내가 펄펄 무르익고
배낭 멘 젊은이들 어깨에선 자각이 넘실거리는
들녘을 가득 메운 벼 줄기와 같은 생명일게다
사랑일게다

소녀과 소녀의 마주 닿던 눈길이
밭머리에서 나란히 어깨동무해
질서 있게 앉혀 위엄 떨치는
옥수숫대 뽀얀 수염을 깨달으려 한다
눈뜨려 한다

미루나무 숲을 지나며
언뜻언뜻 달려들던 쓰름맹 가락이
할아버지 부챗살에 살포시 끼어
가느랗게 옛날을 토할 때 찌는 더위 아랑곳없이
한 생명을 묵시하는 영광은 무한정 세계로 질주한다

바다든 산야든 꽃 천지다
바다든 산야든 유혹 천지다

처서

불붙은 햇볕이 따가울수록
부지런한 일손엔 발이 돋쳐
삼복도 무심결에 뒤로 물렸다

지열을 식히려는 숨 가쁨이
우레와 함께 소나기를 몰아칠 적에도
흐트러지지 않을 자신을 어루만졌다

차분히 가라앉는 눈빛 속으로
온갖 풍성한 생명이
화사한 가을걷이를 예고한다

갈등

발 묶은 외딴집을
상여꾼들이 지나며
울 안팎으로 익는 열정에
금이 가고 있었다

여린 귓문이 터져
쏟아지는 소식들은 온통
장가가고 시집가고
기와집 지었다는

고추랑 오이랑
애호박이 주렁주렁
텃밭과 속삭이던 담소가
아직껏 생생한 중인데

결혼

내게 잡힐 첫 번째 돼지는
여태 구하지 못하였습니까?

그냥 가라느니 맞아드리라니
어지러울 지경인데

함께 외롭지 않으리라던
벌거숭이 친구가 함을 팔러 가잡니다

누구든 그렇게 시작되는 걸
문이 열리지 않음은 뭐요?

풀기 어려운 숫자로
잠긴 것도 아닐 테요

녹이 끼어 애를 먹이는
자물쇠가 아닐 텐데

올해도 예년처럼
무심히 지나칠 심사입니까?

눈이여 펑펑

얼마나 손꼽아 온 하루길래
하얀 눈발에 가슴 조이며
미움으로 사태진 하늘 버리려네

빗나간 쾌락이 속속 묻히고
허상 그린 시공간이 무너져
차분히 그림 놓을 솜씨로 설레인다

저토록 순결한 빛깔을 차단하고
제 무덤조차 잃어가는 욕심아
절로 부신 눈길에서 아침을 열자

하루살이 고개고개

하루살이 고개고개 눈을 감는 것은
멋대로 번져가는 물감들이 최면을 걸어 놀자 하기에
힘이 부친 골목에서 됫술을 익혔다

앞서느니 뒤서느니 왜 저리 소란일까?
약인 듯 병인 듯 독재자도 말이 없는데
됫술 익힌 골목에서 말술을 즐겼다

하루살이 고개고개 부추기던 아이들마저
철들며 등을 돌려 목 조르는 행상이라
술 익는 골목에서 끝끝내 주정뱅이 놀음으로 쫓겨나고

겨울 나무

겨울을 맞는 손길들이 분주히
맵시 하나하나엔 정성이 깃들고
수없이 떨어트리는 잎새에도
가장 멋 들린 솜씨로 땅에 눕혀
마른 가지만이 돋보이던 날

도톰한 덤불 속으론 청춘을 예약하며
외롭지 않게 겨울을 나겠지요
가끔 마주하는 산새들과 더불어
눈꽃을 피우고 지우고 즐거운 시간에
소식 없이 날아든 봄을 맞을랍니다

꿈을 긷는 여인

흐르는 숨결 정성껏 안으시고
소중스레 날짜를 헤아려
올올이 빛살 터트리시던 당신
정녕 꿈을 긷는 여인이 되어
온갖 시련을 머금고 머금고
빨간 진주 금빛살을 쏘아 올리기만을
낮과 밤 따로 없이 세월을 덮으신 당신
한결같이 꿈을 긷는 여인으로서
이제는 건네줄 것 없이
희미한 기억 속에 빨간 진주 녹이 슬까?
한 목숨을 선사하시려는 당신은
영원히 꿈을 긷는 여인입니다

무지개 무늬

어쩌다 그려 지운 무지개 무늬
꿈속엔 간절히도 꽃망울 맺혀
보배로이 옛 생각을 가꿔갑니다

어쩌면 곱게 무리질 무지개 무늬
굽이굽이 고갯길이 너무 잦아서
산골짝 빈터에서 주저앉았다

어째서 쉬어 놀까? 무지개 무늬
남모르는 지름길 저리 고른데
쓸데없는 탓만으로 날 밝힌다

초행

먼 산에 풀어헤친 연분홍 타래실
길손을 재촉이듯 끌고 가더니
아득히 마을에선 하얀 깃발 올랐다

이제 별은 총총 은빛 모자를 씌우고
숲 속 태우는 은밀한 사랑을 건져
백년손님으로 반겨 맞는 흙냄새 취한다

어느덧 여인네 마음은 길섶에 훈김이 되어
낙엽으로 지름길 닦아 촛불 밝혀 놓고
가슴 설레이는 모습이 점점 다가서 왔다

찬송가

십자가를 받든 전등 불꽃이
먼발치까지 손을 흔들어
잠시 동안을 머뭇거리게 하였습니다

초파일 날 탑돌이 행렬에 섞여
예불하고픈 심정과 같이 철갑 두른 거짓 삶
크게 꾸짖으려다

남에게 들킬까 조심스레 "할렐루야, 아미타불—"
종잡을 수 없이 입술을 떨며
가느랗게 암송하였습니다

귓문을 때리는 찬송가 소리는
거센 풍랑에도 궁색치 않으려는
사공님들 사랑이라 깨달으며

지그시 눈을 감는 시간
짧는 길든
평정되는 마음 그지없었습니다

혼돈

눈에 드는 진리가
귀에 익은 진리를 당혹케 하려 함은
신의 뜻입니까?

나의 진리가
거북스레 생소할지라도 나는 끝끝내
신을 섬겨야 합니까?

산사태처럼 솟는 형태는
상상할 수 없는 기교로 신을 모독하고
핍박합니다

오늘도 나는
신의 정예군을 자처해야 합니까?

신의 미소

네모난 물체들이 가득히 충혈되어
자정이 가깝도록 달님과 별님을 모른 척하여도
보드라운 미소가 언제든 잔잔히
머리 위에 맴돈다는 것을
직각으로 솟은 고층건물 하나가
제 품에 지쳐 그림자를 드리운다
이제 유혹에 지친 밤이 휴식으로 잠적하면
생동감 넘치는 미소가 동녘으로부터 와 닿으리

작업

그리 푸르던 젊음이 어느덧 갈색으로 물들고
누울 자리를 찾는 잎새들은 옛정을 끊을 수 없어
두툼한 덮개로 고향을 감싸 훈훈히 흔적을 잃어 가는데

제 날대로 자란 듯이 훤칠히 가슴 벌린 그늘 속에
저렇게 많은 생명이 야위어 감을 잊은 채
햇볕도 단비도 먼저 반기며 저 홀로 하늘을 받드는 것처럼

기인이고자 톱을 든 범인은 이 겨울 동안을
온 솔밭이 어우러지도록 하나둘 가지를 잘라
땔감 쌓는 즐거움으로 봄을 기다립니다

청명

은하물로 씻기운 해
황금빛 깃털을 꽂고

활짝 핀 웃음
끝 닿을 데까지 뻗치울 때

봄을 시샘하던 요정들도
녹색 자리를 펴

공손히 고개 숙인
한나절

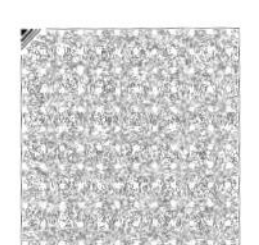

제비꽃 이야기

꽃망울이 영그는 짧은 날을 위하여
계절에 쫓기는 여정 반듯이 자리를 지켜
터트리는 보라색 웃음
반겨줄 이 적은 산촌 길섶에서도
슬픈 노래는 짓지 않았습니다
한 때는 온실 속을 부러워했고
빼어난 자태를 그리워한 적도 있었습니다

그러던 어느 날
자연 속에 어우러진 모습이
남달리 자랑스럽더군요
서로를 흉내낼 수 없듯이
다소곳이 쏟아내는 멋을 모아
오늘은 한가로이 햇볕 바람과
낭만에 취할까 합니다

기웃대는 정

정에 버림받은 바람 같은 일상
그늘 숲에 핀 한 그루 꽃나무 곁을
그냥 지나칠 수 없어
정을 퍼붓고자 정을 퍼 담고자
마음 문을 여니
봉우리는 똘똘 말아 가둬버리고
먼지 입은 잎새 몇 잎만을 털어
차갑게 차갑게 잠자리를 편다

이 밤도 하늘 빈자리엔
별 이름을 새겨 넣지 못하고
감춰진 정 아쉽게 날 밝았다
이제 숙취에 익숙해진 하루살이
정분을 쓸어 업고 말쑥이 떠나야 할 시간
오늘은 어느 하늘 아래서
정을 기웃대다 스러질까요
바람 같은 일상 안개비 촉촉이 젖어
금강 나루를 건넌다

해 돋는 벼랑에 서서

강 건너 잔바람이 옷깃에 매달리며
야릇하게 속삭여 들 때
당신은 뜻 모를 이야기에 쉬이 빠지셔
봄볕이 드러눕는 녹색 바다 위로
쓸데없는 사랑을 띄우셨습니다

길섶엔 멋쩍은 풀꽃들이 도란거리고
숲 속을 굽어 돌던 개울물이 내를 이뤄 흐르는데
입술 문 당신은 미움조차 맘이 무거워
오늘도 해 돋는 벼랑에 서서
메아리를 걸칩니다

밤새 낮새

노랫말을 아껴 조심스럽던
청룡 뿔 밤새야
엊저녁은 유별나게 나뭇가지를 흔들며
빗줄기를 끌어들이더니
아침 햇살 사르르르
사랑을 돋구어 미끄러진다

메밀산 꾀꼬리는 멋 들린 솜씨
절로 좋아라
미루나무 숲 까치는
어떤 소식 물고 와 저리 법석일까?
뻐꾹 뻐꾹 뻐꾹새 길이 멀다
먼 산을 넘는다

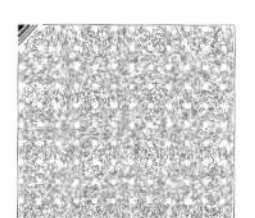

산등성에 올라

오늘도 산등성에 올라 굽이굽이 산굽이
아스라이 내려앉는 여인을 향해
절절히 사랑을 꿰어 뿌리옵니다
보일 듯이 안겨오는 가슴이며 입술이며
달아오른 숨결 어쩔 수 없어 옷자락을 풀려는 날
짓궂은 안개비 어제처럼 여인을 감금하고
눈길이 맞닿는 여유조차 빼앗아
까마득히 멀어져 갑니다

이는 내 시련이라 변함없는 믿음으로
있는 목청을 아끼지 않고 메아리를 띄우옵니다
산울림으로 흩어지는 그리움이
한 가닥 여린 귀엣말로 돌아와
"아니, 숨져 당신 이름을 지키리오"
내일도 이 산등성에 올라
그나마 부추기며 지키렵니다
"아니, 숨져 당신 이름을 지키리오"

여정

가도 가도 속 모를 세상
철이 들며 가끔은 내게 속아
쓸데없는 생각이 들고 나지요

둥지 틀 자리조차 어색이
어머니 서운한 마음을 안고 나는
하늘 한 모퉁이에

계절을 잃고 길을 잃어
마음 둘 데를 망설이는 외로움이
잔바람에도 들쑥이며 세월 긷지요

혹시나 어디 점잖은 귀엣말이
조인 가슴에 고이고이 잦을까
거친 숨결을 감추고

가도가도 속모를 세상
가끔은 철없이 내게 속아
아무런 생각없이 떠나가지요

그리운 까닭에

요즈음 부쩍 눈시울이 마를 수 없는 까닭은
토라져 간 당신이 입술 문 마음이요

흐르는 눈물 촉촉이 얼룩진 설움은
맘에 없는 말들이 제 날대로 자라는 까닭입니다

괜스런 의심이 나를 부추겨 드는 밤은
못 잊을 당신을 그리는 까닭이요, 그리운 까닭이라

행여 남모르게 오실 것을
오늘도 한 자리를 비우는 까닭입니다

품삯

절름발이 외짝새로 먹이에 쫓겨 산 그늘 숲 지난날을 흉내 낼 수 없는 개똥산 작은 새처럼 땅을 기었다 하늘은 늘 푸르른 바다를 열어 가깝게 속삭여 들었지만 무성한 잎새가 빛을 막아 꿈이 박힌 눈을 감췄다 여린 바람에도 겁에 질려 작은 빗방울 소리 허둥지둥 번갯불 천둥인 듯 홍수인 듯 몸서릴 치며 얼굴 숨겼다 제풀에 지쳐 외롭던 날 빛으로 널린 모이 그릇을 치우고자 여러 해 굳은 죽지를 풀어 조심스레 깃을 두들겼다 묻혔던 솜씨 지지개 펴듯 낯설게 익히는 걸음마로 지루한 하루해를 쫓아 억세게 먹이를 물어 날랐다 땅거미 눕는 어스름 저녁 둥지로 돌아와 앉은 새는 포물선 그리는 조각구름과 한시름을 잊어 가고 있었다

추억 속에서

오늘처럼 어둠이 강물과 졸 때
둘이는 어깨를 나란히 둑길 위로
별빛을 모아 긴 이야기를 펄럭였습니다

이제는 잠을 깬 꿈결같이 홀로 풀벌레
울음에 지쳐 희미한 얼굴 애써
밤하늘을 바라봅니다

오늘따라 별도 총총 물살 고요한 둑길 위로
둑길 위에 못다 그린 사연 밟으며
찬바람 속을 서성입니다

눈빛 속에

가깝고도 먼 당신을 불러
부끄럽지 않은 입술 터지도록
못다 한 얘기 나누리라
잠을 설치고

날이 새면 저렇듯
속마음은 까마득히 비켜 지나서
발을 동동동동
날은 저물어

잊혀진 말들이 물줄기로
입술 물어 고단한 눈빛 속에
촉촉이 안겨
반짝입니다

내 이야기

나뭇잎이 우수수 다 지기 전에
나 돌아갈 곳이 있네
떠날 적엔 솔깃이 네게 속아 울고 갔지만
가는 길은 온전히 내 맘으로
웃고 갑니다

동장군 걸음발이 산등성을 넘기 전에
내게 안길 여인이 있네
남모르는 짝사랑 안달이 나서 한껏 부르짖는 이름
첫날밤 같은 숨결로
아침 해 맞습니다

두리둘이 두리둘이 하나되어
밤을 밝혀 산다고
이 산 저 들이 쩔쩔매며
내 이야기
날개옷 입힌다

가난을 위로하며

아무 데서나 뿌리를 내리려는 들풀이고자
고집스레 삽을 들고 곡괭이를 잡았었는데
여기서도 둥지는 틀지 못하고 비켜가야 한다
사는 한은 속 붉게 살아야 하기에
끼니를 쫓아 어디든 머물러야 하지 않은가?

밥줄을 끄는 학식이 모자라
밥줄을 당기는 재주가 모자라
며칠 동안 입술에 꽈리꽃만 피웠다
처음부터 끼니를 위하여 비빌 언덕이 없었다 하자
오늘 같은 가난이 푸른 하늘을 기르는 큰 사랑이라 하자

형제들이 이웃들이 걱정하는 짝과 둥지는
봇물 터지듯 무서운 항변이다
숨쉬는 한은 누구나 부처님 손 안에 가난인 것을
저만이 홀로 소태산을 짊진 듯
오늘 하루도 자리를 서성이며 됫술 잔을 비운다

네 詩에 반하여

네 눈빛과 네 몸짓에 반하던 날부터
나는 온몸으로 가시밭길 걷는다

외로움과 슬픔까지도 예쁜 무늬를 놓아
노래 불러야 했고

무덤 건너는 골짜기마다 선녀들을 세워
네 마음 곁을 서성인다

이렇듯 내 시름은 너를 위한 사랑뿐인데
너는 아직껏 동요치 않는구나

사랑

가을걷이를 끝낸 빈 들녘에는
아이들을 맞이한 소리 없는 사랑이 흐르고 있습니다
청잣빛 하늘을 읽고 화사한 가을 산야를 적던 시절에
집착하지 않으려는 굳은 신념은 아이들로부터
사랑을 깨달으려는 시도입니다
죽음은 항상 끝과 처음이 맞닿은 지평선같이
내 숨결과 내 운동이 부끄럽지 않을 때
영원한 노래가 되고 시가 되어
아이들을 지키는 사랑으로 빛날 것입니다
고독한 사랑 불안한 사랑 속에서도
사랑은 잃지 않으려고 묻혀있던 사랑을 불사르려는 것은
아이들로부터 사랑을 배우려는 약속입니다
허공을 뒤적이다 하나둘 아이들 집을 짓는
저 나뭇잎과 같은 사랑으로
어둠과 갈등이 나부끼는 겨울 바다를 건너렵니다

아침 맞이

달과 별 꿈을 적어 달려온 아침
뿌연 안개 빗길 사양치 않고
말끔히 쓸어 담는 담백한 고요
산골짝 비탈길을 단숨에 내려

젓줄로 채찍으로 도랑물 쏼쏼
넓은 들 깊은 강을 가로질러서
어느새 동해 오른 하늘문 열고
황금빛 깃털 모자 선물 받을 때

칡넝쿨 엉켜 갇힌 작은 풀꽃들
반갑게 맞는 몸짓 등을 밀면서
그늘 숲 깊은 골로 눈이 부시게
어서야 떠나시오, 재촉합니다

술래

울 밖을 날아가는 하얀 나비춤
별 하늘 동무하며 쫓던 술래는
잦은 고개 금 간 길 발이 저리어
갈대밭 덤불 속에 깊은 잠들까?

찬바람 일렁이는 이런 밤이면
날개 접는 너울춤 걱정이 쌓여
하얀 달빛 드리운 하얀 꿈으로
조심껏 길을 여는 술래입니다

소태강 사공

저기저기 소태강 사공이 되어
발 묶인 나룻배를 띄우면요
까막산 골짜기에 구렁눈 녹아
아름 봄 무리 지어 몰려올 것을

내 동네 슬기들은 무얼 하고요
좁은 문 막힌 길만 나무라시며
멋쩍게 입술 문 사연에 둘려
소태강 까막산을 끌고 넘을까

하얀 함성

나아졌다는 골목마다
이그러진 근원이 깃발을 꽂아 펄럭이고
담을 두르는 인정 풍습인 양
무늬 방석으로 깔려
절개 찢긴 나신들이 춤을 추며
값을 부르는 구렁에 앳된 향기

나약히 빨려 드는 모습을 아무런 인기척 없이
지나는 걸음들 눈 속에서 자라
잃었던 옛적 꿈이 그리워 번민하는 밤
언제나 굴복이 없는 자리를 지켜
하늘 반짝이며 둥지로 내려앉는
하얀 함성 어둠도 마중하네

무늬 나이테

아름드리나무 울음새
노랫말 잊어
동나는 눈물샘에 이끼꽃 지면
줄을 긋는 나이테
무늬가 입혀
반짝이는 새순에 비늘 둘린다

단비 속 비단번개
하늘 열린 쪽으로
먼데 산 가로질러 손짓을 하며
아이들 불러 모은
무지개다리
곱상이 어우러진 놀이 오른다

무서운 시간에

문명이 달려온 거리마다
갈기갈기 찢긴 인류은 버젓이 궁전을 지었다
배운 지식을 능란히 변형하여
약인 듯 미화하는 무서운 시간에 인류가 섰습니다

얼굴도 이름도 없이
목 졸려 죽어가는 푸른 가슴들 장사지낼 날조차 잃고
무수한 깃발을 펄럭이며 달려온 이쯤에
어느 노래를 불러 안도합니까?

아직은 신을 원망하지도
떠나지도 않으리오
갈 길이 먼 하늘이
앞산을 끌고 내를 건너고 있습니다

3부
잠깐인 것을

새로운 사상

시베리아 한기를 버티던 인본이
베를린 담을 무너트리더니
부쿠레슈티에선 장렬한 죽음들이
그 죽음을 짓밟은 독재자를 심판하였다
반목과 분열로 어지러운 지경에
이데올로기 사슬이 금이 가는 시각
동북엔 언제쯤 봄기운이 돋을까?

새롭게 탄생하려는 동구여
금전으로 멍이 든 상처투성이 인본을
금전으로 포장하는 서구를 눈뜨라
국가와 종족과 종교를 초월하여
공존과 조화에 뿌리를 내리려는 씨앗으로
지구촌 가득 새바람을 날리라

역사를 끌고 밀고 침묵하는 물줄기 가슴이 뛴다
아직도 까마득한 길 한 굽이를 돌아 하늘을 본다

미래를 사는 죽음들이
한강 미시시피 니제르 달링 강을 적시고
히말라야 우랄 페나인 안데스 산맥에 널리면
과거를 산 죽음들이 영원한 인류 속에서
조용히 숨을 거두어가리

눈 내리는 겨울밤

눈 내리는 겨울밤은
포근하신 어머니 마음
마실 다녀오는 길에 빛살을 눕혀
조심스레 마중하시고

눈 내리는 겨울밤은
다정하신 아버님 옛날이야기
날개옷 잃은 선녀와 만나
아들을 낳고 딸을 낳고

눈 내리는 겨울밤은
모난 자리를 닦으려는 소리 없는 울음
저렇게 조용한 손길로 산과 들 구렁에도
하얀 눈꽃을 펑펑 쏟고

눈 내리는 겨울밤은
가엾이 맑은 아이들 꿈속
하늘에서 내려온 꽃사슴 무리가
골짜기 샘물로 목을 적셔
온누리를 마냥 지치고

이렇게 눈 내리는 좋은 밤에
나는 어딘지를 상관없이
발걸음 놓는 대로 쫓아서 가고

이렇게 눈 내리는 좋은 밤에
나는 설레이는 명상에 잠겨
올올이 그림들을 꿰어서 간다

어느 술집에서

돈의 노예와 쾌락의 노예가 쉽게 야합하는
무덤입니다, 낭만과 휴식과 꿈이 철저히 감금되어
죽은 음악과 죽은 춤과 죽은 웃음을 토하는 죽은 시간
빨간 조명이 흐느끼는 칸막이 안에 안주로 뿌려지는
하얀 속살이 어지럽게 주저앉는 비린내 얼룩
여기 죽음 속에서도 재생을 싹 틔우려는
근심은 도사려 있다

노동으로 부끄러운 신제
영혼으로 부끄럽지 않으려는 지혜가 숨겨져 있다

쾌락의 노예와 술잔을 부딪치며
돈의 노예와 술잔을 나누며 꿈을 다독이는 시련이 있다
여인이여, 이 잔으론 고독의 노예끼리
화해하는 기쁨을 맛봅시다
산 음악으로 산 춤으로 산 웃음으로
산 시간 낭만과 휴식과 꿈을 태우며
이 밤 이 어둠을 비켜 이 잔 가득히 채웁시다

진정한 사랑은

사랑은 보이지 않는 곳을 소리 없이 지나는 걸음 무색투명한 빛살로 그려지는 이야기입니다 자기를 물리치는 고단한 작업입니다 보이며 들리는 사랑은 오만해지고 교활해지고 색깔이 화사한 사랑은 의심이 많고 권태가 오고 자존심 높은 사랑은 눈덩이 구르듯 오해가 됩니다 진정한 사랑은 죽음조차 두렵지 않은 일관된 마음입니다

사랑해 봅시다
무색투명한 빛살 보이지 않게 들리지 않게

무릉도원

깊은 산골 이름 모를 풀꽃들이
개울물에 빠질 듯 구렁으로 떨어질 듯
침착하게 바위를 비켜 등성을 오르며
어깨 높은 나무들 이름 널린 꽃나무와
나란히 어우러져 새봄을 열었다

인적을 멀리해 고상하게 터트리는
하얀 웃음 노랑 연분홍 보라색 웃음
시선은 외로워도 동산을 이루어
말 없는 자연 말 없는 자세로 계절을 가꾸는
보람된 노동 여기가 무릉도원

모든 정열 아낌없이 쏟아
야위어가는 순결함을 안고
홀가분히 씨앗을 날려
덤불로 훈김을 지핀 황금빛 희생
넉넉한 새봄을 약속할 것입니다

한산 장날

-1990년 7월 21일

땀 열매 보따리가 풀리는 골목마다 형태로 작은 값어치로 팔고 사지만 이 나라 물줄기로 뻗는 진국 냄새들 땀 훔치는 소리 피 할퀴는 소리 억척스럽게 대학 보낸 막내 녀석에게 귀가 따갑도록 들어 짐작은 가지만 시위한다는 방송 때면 혹시나 퇴학 맞아올까? 조바심하는 우직함 이 나라를 걱정하는 무늬 물결

시집간 딸이 명절에 사 온 짧은 치마와 굽 높은 구두가 어색하여 나들이옷 따로 없는 평상복으로 시장 안을 바삐 서두르며 보따리 안에 담는 땀 열매들 이 나라 경제를 지키는 푸른 가계부 땡볕에 까맣게 찌든 살갗 지문조차 닳은 거친 손마디 끝까지 이 나라를 지키는 투사들

해방이니 자유니 평등이니 높은 의자 앉는 사람끼리 높은 의자 앉아서 목소리만 높여 왔지만 감금된 해방과 자유를 화양 수렁논에서 보았다 하고 월산 다락밭에서 보았다 하고 완포 샛길에서 보았다 하니 오늘 장날은 말 풍년 귀 풍년

이 나라 통일을 염원하는 하얀 지지개 파장하여 돌아가는 만원 버스 안에 염원하는 해방을 안고 통일을 안고 마산으로 양화로 임선으로 새롭게 떠나갑니다

태양신

인류가 처음 태양신을 영접하여 제단을 쌓고
피 묻힌 문명을 나르면서도 태양신만을 한껏 우러렀다
정의 문화와 눈의 문화가 조화하지 못하고
거짓 역사를 끌고 갈 적에도
태양신만은 감히 범하지 못하였다

사상이 제멋에 흥취하였을 때
문명은 피투성이가 되어 골 깊은 병에 시름을 하고
석가모니 예수 모하메드 태양신에서 분가한 종교들이
분가와 분가를 거듭하여도 태양신에 뿌리만은
꿈쩍하지 않는 불멸

이제는 동서가 화합으로
한울타리 안에 종교로 종족으로
핏빛 문명을 닦으면서 태양신에 시름을 거두려고
에베레스트산 정상에다 제단을 쌓을 것이다

동화의 나라

동화가 봇물 지는 그림 한 폭엔 풋풋이 깜쪽이던 응석들이 백로 부채춤에 반나절 매고 논틀 밭틀 반춤으로 들녁 끝까지 벌거숭이 하얗게 칠어 떼 쫓던 흔적 잃은 옛날이 도란거리고

동화가 봇물 지는 그림 한 폭엔 마실 멍석 긴 담뱃대에 큰기침 연기처럼 피어오르는 신비한 이야기들이 동아줄 틀어 밤이 깊도록 은하물 깃던 흔적 잃은 옛날이 도사려 있네

동화가 봇물 지는 그림 한 폭엔 지치신 어머니 나무 다발이 안마을 고개를 넘어설 때면 남새밭 염소들도 집이 그립다 노을 걸린 산마루를 물끄러미 누나 손 꼬옥 쥐고 마중하는

동화가 봇물 지는 그림 한 폭엔 소낙비가 놀다간 자리 미루나무 꼭대기로 무지개 서면 더운갈이 급한 마음을 재촉하여 때를 잊힌 일손들이 부산한 하루 흔적 잃은 옛날엔 단풍 들었네

한 모퉁이에서

짝도 둥지도 무거운 집으로 삼십육 년째
돌아다보면 빈 보따리만이 덜렁
빛바래 웅크린 한 모퉁이에
근원이요 휴식이며 꿈인 고향은
젖무덤을 활짝 풀어 반겼다

동구권 개방이 한 바퀴 돌아
게르만 민족이 만세를 불렀고
지구촌은 큰 획을 그으며 숨가삐 도는데
내 나이만큼이나 짝도 둥지도
무거운 집으로 끌고 가는 산하

정치인은 있어도 정치가 죽었다는 얘기들이
말랭이 윷놀이 판에서 까불리고
양송이 퇴비 작업장에서 뒤집어지는 반나절
돈줄은 흘러도 깊은 산골짝으로만 빠져든다고
한쪽 팔이 불편한 몸으로 개미처럼 사시는 팔촌 형이
투정을 부리는 당산제

인신매매 마약 성폭행 세상 거꾸로 돈다고
약사발 머리맡에 두고 누우신
집안 큰 어른 새터 할머니께서 노기를 띠시는
온돌방 아랫목 끈끈한 시골 인심으로
점심 식사를 마련하시는 이웃사촌 아주머니
동동걸음이 어머니 모습이 되어 아른아른
이 나라를 끌고 가는 진국 냄새

밖에는 추위를 마다 않는 아이들이
눈을 다지며 언덕배기에 올라
맨 처음 소년이 슬기로운 밧줄을 풀어 미끄러지자
인정으로 매달린 아이들이 떼 지어 내린다
구김 없는 표정을 안고 내린다
이 산하를 포근히 감싸 내린다

짝도 둥지도 무거운 집으로만 삼십육 년째
돌아다 보면 빈 보따리만이 덜렁
빛바래 웅크린 한 모퉁이에 근원인 고향은
휴식과 꿈을 듬뿍 안겨주었다

전쟁

메소포타미아 문명지에서 얼굴 없는 영웅이
평화주의자가 이상한 몸짓으로 모래성을 쌓으며
입술이 마르도록 외치는 소리
첨단 과학은 아라비아 사막으로 죽음을 나르고
화학과 핵으로 어둠이 나부끼는 마을에서는
오늘도 두려움에 떤다
평화주의자와 영웅으로 포장되어
포성이 멈춘다 해도 인류는 패자

잘못 끌려온 역사 앞에 문명 앞에 눈이 멀고 귀가 막혀
유프라테스강과 티그리스강도 입을 다문 채 눈물로 흐를 뿐

이슬람 교도들이여 요술램프를 풀어 주문을 외우소서
알라신께서 내리신 검은 진주
상한 마음을 쓰다듬어 코란을 부소서
죽음 비가 쏟아지는 침울한 사막
당신들 피이외다, 살이외다
알라신이여 목마른 인류에게 사랑을 베푸소서
얼굴 없는 영웅과 평화주의자를 구하소서

잘못된 이사

산촌 소박한 이웃이
금문 안 이사길에 올랐습니다

한껏 부풀게 배웅을 받던 금문 밖 가까워지며 어색히 절룩입니다 악수를 청해 오는 상냥한 말씨며 반듯한 모습이 훤칠하게 드리워진 금문 안 촌닭마냥 쩔쩔매며 네모난 풍습들을 익혀갑니다 조용한 눈빛과 작은 몸짓으로도 큰 뜻을 빚던 언어들이 수척히 발을 절 때 달동네 열린 문으로 잃었던 모습들이 아우성입니다 편안히 둘러앉은 가난이며 단칸 셋방 오붓한 자리에서 반짝이는 인정들 이웃을 닮은 듯 엇비슷한 사랑과 미움 그러나 옛 이웃은 아니었습니다

영원히 돌아가고픈 고향
오늘도 마음은 금문 밖을 향해 있고

반성

가지마다 속 붉은 열매들을 매달 듯 정신을 빼앗기며
달려온 하늘에는 야윈 목숨 한점이 모나게 걸려 있다
빛조차 부서지는 굽이돌이에 낙엽을 주워
상처들을 봉합하느라 쩔쩔매며 버둥거린다
가족 친지들은 가시덤불로 감금한 지 여러 해
불러도 돌아오지 않는 메아리로 흐르고
자신을 죽이지 못해 어느덧 자신이 꼬리 감춘 짐승으로
자신에게 속아 온갖 올가미에 갇혀 있었다
지금껏 자루에 담은 것들은 얼굴도 이름도 없는
헌 조각들 애써 감정을 숨기려 한다
이대로 수치심에 몰락하여 자신을 죽이지 못한다면
끝이 없는 낭떠러지 목이 잘린 나무엔 어느새 움이 터져
잃었던 계절을 맞이하느라 부산하다

외로운 날 외로운 밤에

지붕 꼭대기에 오르려고 담장 안을 기웃이며
처마 끝에 매달리는 바람 소리
유난스레 어지러운 텅 빈 집엔 검둥 강아지나마
정을 어루만지려는 듯 가끔씩 짖어 주는 밤
날이 가며 해숙이 야위는 인정
누구를 나무랄 수 없이 어쩌다 법석을 떨며
얼굴 내미는 어색한 아들네 딸네 식구들이
안팎으로 가득 쓸쓸함만 흐트려 놓고
시할아버지 기침 소리에 가만히 귀기울이며
조바심하던 시집살이 돌아보면 간절한 고향
오늘같이 몸마저 무거운 날에는
가슴앓이로 말동무들을 그린다
저 건너 동서는 옛사람 되고 부엉말댁은 이사가고
이웃집 밤마실도 끊긴 지 오래
밖에는 바람 소리만이 유난스레 어지러운

'저 건너 조카는 어딜 갔을까?'

다시 찾는 눈동자

너희는 거짓 없는 울음과 거짓 없는 웃음으로
세상 빛살을 맞으며 눈동자엔 반듯한 이랑을 두어
하얀 꿈들을 가지런히 앉혔다
오랜 가난이 한이 된 온실 속에서
너희는 왕자가 되고 공주가 되어
아름다운 꿈들을 하나둘 지워가고
앞만을 바라다보는 눈동자
길은 상관없이 거짓 울음과 거짓 웃음으로
목적지를 향하며 가장 손쉽게 반짝이려 한다

무엇이 그리 조급한지 뒤를 돌아다 보지 못하고
가깝게 들려오는 소리조차 감각을 잃고 이랑마다
주름이 잡혀간다 세상을 탓하고 교육을 나무라며
너희만을 변명하려 한다
어둠 짙은 격랑에서 출렁이는 물살과
휩쓸리는 물살들 모두 너희 것이요, 너희 것이라
모든 입술을 물어 넉넉한 가슴으로 읽어내리자

너희 넓은 지식으로는 능히
귀를 닦고 잃었던 눈동자들 찾으리라
훤히 세상을 바라다본다
거짓 없는 울음과 거짓 없는 웃음으로
무리 없이 쏟아지는 빛살을 조용히 반짝이지 않으련가

곱다랗게 여무는 눈동자 유리거울 속엔
금 간 그림들이 나부끼지 않도록
온몸에 박힌 조각들을 뽑아내는
어려운 수술대 위에서 흘리는 붉은 피!
그 아픔은 영원한 생명이요, 부활이다
이제는 작은 걸음으로도 뒤를 돌아다 보며
들릴 듯 들릴 듯 멀어져 가는 소리에 더욱 귀를 가까이
목적지를 향하는 눈동자로 무리 없이 반짝여 들라

잠깐인 것을

나약히 왔다 나약히 돌아가는 나약한 세월
잠깐인 것을, 자신을 벼랑 끝으로 몰아세우며
작은 물살에도 소스라쳐 놀라는 저렇듯 겁먹은 눈빛들
겉으로는 모르는 체 부산하지만
누군가에 매달리고 싶은 가슴앓이 외딴섬 해면에서
소리없는 아픔을 안고 눈물을 안고
소리없는 울음으로 출렁입니다

꿈으로 왔다 꿈꾸듯 지나버리는 꿈 같은 세월
잠깐인 것을, 자신은 틈이 없는 담을 두르고
활짝 열려진 문 만을 기웃이며 물거품으로 휘도는
귀중한 시간들 자기 밖을 의심하고 미워하며
찬 그늘이 드리워진 안팎 꽃은 지고 잎은 지고
볼품없는 가지만이 돋보이는 계절
자신을 번드레히 치장하며 까치발을 딛고 섰습니다

인연으로 왔다 인연으로 자라며 인연을 놓는 세월
잠깐인 것을, 흔들리는 외줄을 미끄러지며
얼굴도 이름도 잊혀지는 눈빛으로 진흙 속을
뒹구는 만남들 속마음은 안절부절 비켜지나서
번거로운 이별을 안고 선 자리 누군가에 들킬세라
조심스럽게 외면을 하는 허세
황사바람 천둥비로 산과 들녘에서 비틀거립니다

사랑으로 왔다 사랑으로 떠나야 할 사랑스런 세월
잠깐인 것을, 어느 때 어디 어느 쯤을 상관없이
가장 자연스런 훈김으로 사랑 알을 품는 기운
어둠이 걸린 골짝마다 별로 박혀 달로 박혀
얼굴과 이름이 뚜렷한 알을 까고 새끼를 치고
영원한 사랑으로 반짝일 것입니다

꿈

우리 삶은 꿈 투성이
늘 머리맡에 두고 산다

꿈을 위해 벌거벗은 죽음
뒤돌아 후회하지 않으나

꿈을 위해 옷을 입히는 죽음
결국은 깊은 골짜기

괴로움과 슬픔이 출렁이는 바다
더욱 푸르른 죽음으로 부딪치며

우리들 삶은 꿈 투성이
늘 머리 맡에 다듬어 살자

차령 고개

숨을 헐떡이며 올라보면 곧바로 내리막길
저 산에 소나무야 이름 모를 풀꽃들아
알을 밴 밤나무야 너희 자연스러운 삶 속에
바람이 불면 흔들리고 눈비 촉촉이 젖어
고독한 정신만이라도 포근히 잠들고 싶구나

나이테로 풍상을 적으며 뿌리를 박은 진솔함에 반한다

뒤를 쫓아 앞을 지르며 올라보면 곧바로 내리막길
충혈된 눈으로 경적을 울리며 달려오는 행렬
생명은 아랑곳하지 않는다
헤아릴 수 없이 오르며 내리며 앞을 지르다 보면
목적지인 서울에 도착하겠지

산맥

밤새껏 하이얀 망토를 둘러 은밀한 자장가를 흩날리더니
모든 생물 앞에 좌선으로 먼동을 예약한다
문명이란 도적에게 줄기줄기 아린 상처를 안고도
문명이란 철부지들 때문에 까치성으로부터
빛살 타래실을 풀어 아침 손님들을 반겨 마중하느라
하이얀 망토를 다 접지 못하고 어깨너머로 펄럭이며
계절이 화사히 박힌 나무들은 가볍게 꾸지람해
다이너마이트로 흔적을 잃어 탄약고가 무성히 진을 치는
더덕골 노루목에도 길을 열어 생수가 흘러 내린다

신혼

내 눈빛에 편안히 안긴 여인이 의심 없이
무늬 입힌 체취에 어느덧 사슴 노루마저 반하여
쏜살같이 벼랑을 건너 무지개다리를 놓는 메아리
멀찌막이 마을에서 동요하는 소리 들려 오고
등성을 오르려는 흔적들 하나둘씩 산세 속에 와 묻혀
온갖 꽃지짐으로 널을 뛴다
신혼을 엿듣던 여우란 녀석이 살며시 달아나는
홀가분한 계절을 푸른 솔밭으로 받쳐 이고
까막산 기슭 찬 이슬에 뿌리가 살쪄 얼굴 내미는
몇천년 산삼으로 아침을 불러
아내여, 새벽별 눈이 훤한 곡식들
알차게 살림 꾸밉시다

안개꽃은 먼 산 너머로 해가 중천에서
하루 일손을 재촉합니다

오월

-1992년 5월 20일

아카시아꽃 여인 입술 위에서
길들여지는 벌 나비 떼 입맞춤을
어리둥절히 바라만 보던 찔레꽃 소녀
도톰히 오르는 젖무덤을 감당치 못해
나붓거리는 몸짓은 자꾸 자꾸만
널문리 쪽을 기웃이며
이처럼 아름다운 하소연
온갖 새들도 목청을 아끼지 않고
널문리 쪽으로 하이얀 노래를 띄운다

도미 부인

도미 부인 같은 사랑을
미심쩍어하면서 철없이 그려 놓는
도미 부인 같은 사랑

눈먼 도미 갈대밭 사랑을
먼발치에서 실없이 웃어 도미 부부 사랑을
한껏 꿈꾸는 눈먼 어둠

엇비슷이 닮는 옛적 사랑을
사비강에 띄우려 뱃길 연 구두래 나룻배들이
손님을 기다립니다

옛날에

옛날에 서당산 왕소나무
잦은 마치 하얀 전설을 아시나요

잡동사니 떠나가는 뻔한 길
반나절이 못되어 눈이 훤한 걸

옛날에 용호출 방아다리
너울춤 늦은 마치를 아시나요

떼무리로 둥지를 트는 날
한낮 한참이면 눈이 훤한 걸

자연으로

돌아갑시다, 가장 가까이
가장 가깝게 자연으로 돌아갑시다

벌이 커다랗게 네모 난 골짜기
흙 가슴 품에 꽃지짐질 널을 뛰는
어른들 보이고 이웃사촌 둘레 별나라로
귓문을 열고 가슴을 줍는 별나라에
사람들이 시끌벅적한 날

돌아갑시다, 가장 가까이
가장 가깝게 자연으로 돌아갑시다

외로움

찬 바람이 차가운
찬 겨울날

천일사 외딴 방에
불편한 손님으로

풍경소리조차
멋쩍어하며

해걸음은 짧아
긴 밤이 외로운

산골짝 눈발은
문 틈새를 기웃댄다

4부
종발윷

우주여행

여인이여, 우주 기차를 타고
홀가분히 여행을 즐깁시다
은하수 건널 때쯤이면 귀 밝은 사랑 이야기들
빈자리에서 도란거리고
여인이여, 우리가 머물 그곳엔
바보 온달과 마퉁이가 있고
평강공주와 도미부인이 있어
마중으로 즐길 텐데
우리는 어떤 인사로 즐거움을 맞을까요
별 안개 비밀스러움이 하나둘 걷힌 날이면
다시금 돌아가고픈 어머니 젖무덤이 있어
여인이여, 떠나던 그 마음과 같이
온전히 돌아갑시다 은하수 건널 때쯤이면
우주 기차를 꽉 메운 벌거숭이 귀 밝음들
돌아가는 길이 홀가분하리요

이렇게 어수선한 날이면 어디론가
훌쩍 달아나고파

동그라미

귀 밝은 동그라미 둥글게 그림 그린
울타리 안 동그라미

눈에 속속 안기는 귀 닫힌 그림들이
울타리 안 기웃대며

둥근 동그라미에 구름 띠를 둘러
어색한 동그라미

울타리 밖 동그라밀까 울타리 안 동그라밀까
알쏭달쏭 동그라미

둥글게 둥근 동그라미 그림 그린 그린 그림
죽어 살 동그라미

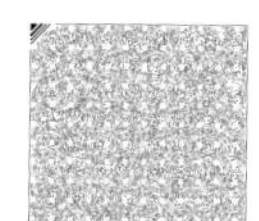

첫눈 내리는 날에

첫눈 내리는 날에
설레설레 눈이 내리면
눈이 내리면 버릇처럼 좋아라
장난꾸러기로 스무고개 젊음을 안고
마냥 굴러가는 곳 아름드리 소나무가
황소 고집으로 그물 친 청룡뿔 자락엔
옛 이야기들 고스란히 하이얀 지붕을 씌운다

첫눈 내리는 날에
왁자지껄 눈이 내리면
눈이 내리면 꼬마대장 노릇으로
둥그째 방아다리 들마루 논틀밭틀을 미끄러져
모닥불을 지피는 방앗골 찬바람과
메밀산 눈꽃바람이 신랑과 각시처럼
첫날밤 이부자리 꿈을 쑥밭티에 흘린다

첫눈 내리는 날에
설렁설렁 눈이 내리면
눈이 내리면 아직껏 철부지로
어머니 젖무덤에 기대 공손히 고개 숙여
무릎을 꿇리는 곳 나그네 빈 봇짐조차
꾸지람하시는 진짜 목소리가
고향 하늘에 쩡쩡 하얗게 무늬를 놓는다

종발윷

나이 많은 것도 서러운 날 많은 나이탓에 일자리를 놓치고 답답함을 삼키며 종발윷놀이다 막내 녀석 등록금 걱정이 앞서 두 모 걸에 볶은 말 잡히고 보리윷으로 석 빼는 걸 아침부터 씩씩한 개평꾼들은 손가락 안주만으로 됫술을 마셔 두서 없는 말들을 말판에 굴린다

우수 경칩이면 대동강물 풀린다는데 여태껏 꿈쩍치 않는 일자리는 언제쯤 봄풀 돋듯 풀릴까 해마다 이때쯤이면 돈봉투 채울 부산함이 산적한데 허리 핀 마누라마저 일손을 놓아 예라 모르겠다 눈 감고 던진 종발윷은 담배가루 솔솔 주머니 사정을 아는지 뒷걸음질 친 돼지로 석 빼었다

엊그제 상여에 오른 샛뜸 친구 무거운 짐 벗으려 도망쳤지만 하늘나라 자리방석이 가시침이라 좋은 자리 구해 놓고 오라 부르면 아직은 갚을 빚 많아 사양할 것을 종발윷 던지며 건강을 염려합니다

요즈음 하루

추운 날씨처럼 품팔이도 영하권이라
부끄럽게 모인 동료들끼리
모닥불 피워 궁둥짝 붙인다
언제쯤에나 마음껏 땀 주머닐 풀까요
어머님은 앓아 누워 계시고
막내 녀석은 대학생이 되었는데

모처럼 만났으니 큰 인사를 나눌까
낮술을 즐긴다
숯더미 속에서 익은 밤고구마 맛이 일품이라
잔을 떨치지 못하고
직업 좋은 노동자들 몫이 모자라다 아우성인데
우리네 막일꾼은 하소연할 길이 없구려

아직도 인심은 남아 대파옷 입힌 돼지고기
은박지로 둘둘 말아 불 속에 묻네
불냄새에 취한 것 같은 술로 빚은 하루를 끌고
쑥스러움 감추며 방문을 여는네
젓갈상회에 다녀온 아내는 고단함도 뒤로 미룬 채
주방에서 저녁을 준비하고 있었다

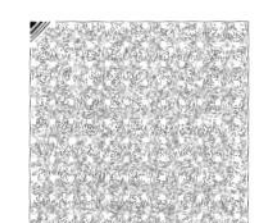

먼 산 나무

새뜸 아저씨와 어랑이 먼 산 나무하러 가는 날
짝짝이 신발과 뒤집힌 윗도리와 구멍 뚫린 궁둥이
마냥 우스워 얼레 얼레 얼레레 철없이 놀렸네

뒤뚱 뒤우뚱 돌아오는 길
넘어질 듯 넘어지지 않으며 개울 건너는 발걸음에도
얼레 얼레 얼레레 목청 높이고

숨 쉬는 나무만은 제쳐 마른 가지와 잎새들 푸짐히
지게를 감춘 솜씨 모른척
얼레 얼레 얼레레 삿대질하며 놀렸네

그러던 꼬마들이 자라 새뜸 아저씨와 어랑이
한없이 그리워 그리워서
먼 산을 물끄러미 바라봅니다

슬픈 먹새

강남 쪽 먹새는 배불뚝이 왕 두목이라
계절이 따로 없는 먹성으로 즐기는데
우리동네 먹새는 어설픈 떠돌이 노숙으로
하나 둘 셋을 잃으며 몹시 춥게 웅크려 버틴다
먹새 먹새야 깃을 두드리지 못하는
가장 슬픈 먹새야 이 추운 겨울만큼은
홑이불이라도 덮어 봄을 손꼽아야 할텐데
동장군도 손이 시립다고 아우성인 날
날개를 펴지 못한 먹새는 덜덜 떨고만 있구나

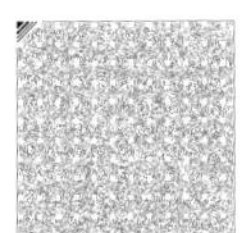

골절

석자도 못미치는 높이에서
미끄러지며 짚은 왼쪽 손목이 우지직 뚜욱
절로 외치는 한마디
"뼈 부러졌다"

손목 촬영을 마치고
혹시나 하는 마음 간절히 빌고 또 비는데
천둥 번갯불 같은 의사 선생님 말씀
"골절입니다, 팔주"

입원 치료를 하면
함께 내려온 동료들은 돌아가야 하니 수술 끝나면
하룻밤만 병원 침대에 눕고 망치질 톱질이 춤을 추는
공사장으로 돌아가 통원 치료를 받으리

강경 장날

옷장수들은 이른 아침부터 자리를 펴느라 법석이고요 포장마차 아주머니는 돼지머리를 손질하며 문을 엽니다 칼갈이 오빠와 미역 파는 누이가 인사를 나누고 군산댁은 펄떡 뛰는 바다고기로 손님을 기다립니다

구름이 오락가락 가랑비가 조금씩 내리니 파장하여 돌아갈까 망설이며 배추 무 파를 포장하며 덮는다 햇님이 빵긋하니 분주한 골목마다 생기가 넘치며 술취한 분토골 욕쟁이 거친 말이 장날 맛을 우려 놓았다

전라도 사람들과 충청도 사람들이 몸을 부비며 즐기는 강경 장날 꽈배기 굽는 멋진 솜씨에 눈길을 빼앗겨 앉았네 유모차를 타고 온 아가 무엇에 그리 반해 싱글벙글 붕어빵을 달라 떼를 쓰고 사랑 손을 꼭 쥔 시골 할아버지와 할머니 큰 젊음을 과시하는 듯 장터를 빛살 좋게 꾸미신다

어서 오세요
떨이입니다, 한 무더기 만원
쌉니다, 진짜 싸요

멍청이의 늦은 뉘우침

"세월 금방이다"
아버님 말씀에 조금이나마 귀 기울였으면
이렇게 허둥거리진 않을 걸
"셋째 형아야 넷째 형아야" 부르고 불러도 대답 없고
하나 뿐인 둘째 형마저 훌쩍 떠나고 없는

어머님! 염려 마셔요
어차피 나홀로 헤쳐나가야 될 일인 걸요
죽음조차도 육십령 고개를 달아나기까지는
발붙이지 못하게 산자락을 펼쳐
어머님! 지팡이를 내던진 날처럼 막내녀석
거뜬히 일어서서 모든 것 조심스레 어루만지리다

벗들과 함께 벗들과 나누며 벗들과 즐기는
하루를 찾아 마음 비우며 사는 길을 터득하면서
해를 닮고 달을 닮아 별을 닮는 즐거움 가득히
그 동안 적어 놓은 이야기들을
하나 둘 다듬어 세상 꾸지람을 듬뿍 맞히리다

걱정 마세요

어머니, 공사장으로 다시 돌아왔습니다
투병 중인데 불면증까지 겹쳐 고통스러운 날들이지만
어머니, 염려마세요
지팡이를 내던진 그날처럼 거뜬히 일어서 형님들 몫까지
정성스레 지킬 것입니다

아직은 공포와 불안에서 벗어나지 못하고 있지만은
기필코 즐거운 날들로 바꿔놓는 재주를 뽐내며
내 작업을 멈추지 않겠습니다
어머니, 걱정 마세요 내 땀내 젖은 노력이
큰 산을 오를 때에 기적도 따라와 방긋이 웃으리다

국립중앙도서관 출판예정도서목록(CIP)

설레바람 : 리규창 시집 / 지은이: 리규창. -- 서울 : 담장너머, 2016
p. ; cm. -- (Over a wall poetry ; 25)

ISBN 978-89-92392-45-7 03810 : ₩9000

한국 현대시[韓國現代詩]

811.7-KDC6
895.715-DDC23 CIP2016008680

Over a Wall Poetry
25

인지생략

설레바람

2016년 4월 1일 초판 1쇄 인쇄
2016년 4월 15일 초판 1쇄 펴냄

지은이 | 리규창
펴낸이 | 송계원
디자인 | 송동현 정선
제 작 | 민관홍 박동민 민수환
펴낸곳 | 도서출판 담장너머
등 록 | 2005년 1월 27일 제2-4102
주 소 | 04626 서울시 중구 퇴계로36나길 19-13, 105호
전 화 | 02-2268-7680, 010-8776-7660
팩 스 | 02-2268-7681
이메일 | overawall@hanmail.net
카 페 | http://cafe.daum.net/overawall

ISBN 89-92392-45-7 03810
값 9,000원